LES
MONUMENTS EXPIATOIRES.

C'était l'autre jour. Je me promenais au hasard, suivant ma coutume, préoccupé par des questions d'une grave importance pour la conduite de la vie, comme de savoir par quel étrange mystère de transmutation les chenilles vertes et jaunes deviennent des papillons rouges et bleus; ou bien quel autre artifice, encore mieux approprié à la circonstance, le Chat Botté aurait pu employer, pour venir à bout de l'ogre

magicien. Mais je n'étais guère plus avancé qu'à l'ordinaire sur ces difficultés abstruses, à l'examen desquelles j'ai sottement vieilli, après Aristote, Bacon, Leibnitz, et je ne sais quels autres songe-creux, quand je fus tiré de ma méditation par une rencontre inopinée. Ce n'est pas que l'homme qui m'en détourna vînt à moi en ligne directe, comme tant de fâcheux de votre connaissance qu'il est impossible d'éviter, à moins de tracer sur le cercle dont ils parcourent le diamètre une tangente de mauvaise grâce, et de vous sauver dessus à califourchon sans regarder derrière vous. Il me tournait au contraire exactement le dos, et ne paraissait pas disposé à sortir de l'immobilité dans laquelle je venais de le surprendre, et qui le faisait ressembler de loin, avec sa taille linéaire, à un long cippe funèbre élevé sur un tombeau. Cette similitude que vous trouverez probablement un peu forcée, serait cependant venue comme à moi à l'esprit le plus prosaïque dont il soit possible de se faire idée, à un tributaire annuel de l'*Almanach des Muses*, à un poète de circonstance, à un tragique de l'Institut, s'il avait aperçu l'homme dont je parle, dans l'étrange position où il tomba sous mon sens comparatif. Il s'était arrêté à une égale distance de deux monuments expiatoires, l'un qu'on achevait de démolir, l'autre qu'on commençait à édifier; et si vous vous rappelez sa mince projection perpendiculaire vers le zénith, ce qui est infaillible pour peu que vous l'ayez vu une fois, vous savez comme moi qu'il n'y a rien de plus propre à réveiller dans l'imagination le souvenir d'une colonnette gothique.

J'arrivai donc jusqu'à lui sans en être entendu, et l'entourant facilement de l'avant-bras, en laissant glisser ma main du haut de son épaule, dont la brusque déclivité laisse à peine l'idée d'une courbe ou d'une saillie sensible: — Eh bien, cher Maxime, lui dis-je affectueusement; car le tour bizarre de sa pensée, qui est presque aussi paradoxal que celui de sa conformation, ne m'a jamais empêché de l'aimer un peu; voici enfin des travaux dont l'objet doit plaire à votre philantropie rêveuse et sentimentale! Honneur aux sociétés qui expient le passé par des monuments solennels, car elles commencent à comprendre la conséquence infaillible des violences politiques! et, s'il y a en logique une induction bien rationnelle, c'est qu'il est permis d'espérer que d'expiations en expiations, les peuples parviendront un jour à se passer d'expiations?

Maxime se tourna vers moi, se recueillit un moment, et s'assit sur une pierre des constructions ou des démolitions (je ne sais pas lequel, la chose étant assez difficile à vérifier). Je m'assis aussi à son côté, parce que je savais qu'il parlait long-temps quand il se mettait à parler, et surtout lorsque le hasard le faisait tomber sur sa figure favorite, l'énumération, qui est, entre nous, la plus commode de toutes pour allonger les livres. Or, ce pauvre Maxime a fait des livres comme tout le monde, mais il ne s'en vante pas.

Aussitôt que Maxime fut assis, il commença :

« S'il y a deux objets de méditation dignes d'intérêt, me dit-il, dans ce qui nous reste de notre vieille organisation sociale, ce sont les monuments et les expiations.

Les monuments sont la dernière gloire des peuples; les expiations sont leur dernière vertu.

Eh mon Dieu! je ne vous blâmerai pas d'avoir élevé dans Paris vos deux, vos trois, vos dix monuments expiatoires! toutes les gouttes de sang que vous avez essayé de racheter à ce prix étaient tombées sur mon cœur! — Écoutez-moi pourtant, si vous avez foi à ma sincérité.

N'attentez pas aux monuments expiatoires qui existent, parce que ce sont des monuments, et qu'il n'y a pas de mal que l'expiation laisse quelques monuments à l'histoire, parmi ceux de la flatterie et de l'esclavage, pour montrer qu'aux plus mauvais temps, la justice conserve un sanctuaire dans le cœur de l'homme.

L'instinct de moralité sociale qui vous anime encore vous a heureusement dirigés en cela aux premiers jours de la révolution actuelle, et rien n'était plus propre à honorer votre victoire. Vous avez respecté dans vos colères, et le monument du cimetière de la Magdeleine qui atteste de si hautes infortunes royales, et le monument de la place des sacrifices, et le monument de cette autre place où un dernier sacrifice fut consommé par le poignard de Louvel. Vous avez senti que l'expiation était un acte de culte, protégé par l'inviolabilité de la conscience, et vous vous êtes arrêtés devant elle avec la religieuse terreur qu'inspirent les choses saintes. Cela est bien, je vous le répète, et ces monuments porteront désormais un témoignage de plus à la postérité. Ils prouveront qu'il vous restait en 1830, et jusque dans l'explosion de vos passions les plus effrénées, quelque sentiment de pitié pour l'infortune et de vénération pour les morts.

N'achevez point de monuments d'expiation, et ne vous inquiétez pas des ruines de ceux que vous laissez inachevés. Ces ruines, datées d'une révolution, parleront plus haut à l'avenir que tous les monuments.

Renoncez à vos expiations et à vos monuments d'expiation, et n'en élevez plus. Vous auriez trop à faire.

Les expiations, voyez-vous, c'était le devoir d'une génération nouvelle envers celle qui l'avait précédée, dans une nation jeune et pure encore; car jamais génération n'a passé sur la terre sans crime, depuis Adam. Chez une nation plus civilisée, pour me servir de vos superbes paroles, il faudrait une expiation tous les ans; il faudrait une expiation tous les mois, une expiation tous les jours, selon le degré de son perfectionnement. — Chez vous, une expiation est une dérision exécrable, un acte d'hypocrisie ou de démence à se déchirer le sein de honte et de désespoir!

Savez-vous un cadran dont l'aiguille marque assez lentement les minutes pour vous donner le temps de consacrer une solennité à tous vos cruels anniversaires?

Savez-vous une carrière inépuisable qui puisse fournir une pierre monumentale à la fosse de tous ceux qui sont morts pour vos erreurs, pour vos folies et pour vos passions!

Et qui vous demande des expiations, je vous prie?... — Des expiations de vous!... qui êtes une expiation vivante plus instructive que les marbres, et plus parlante que les inscriptions!...

Des expiations à Paris!... — Mais vous ne foulez pas un grain de poussière qui n'ait une expiation à demander, s'il prenait une voix! Vous ne respirez pas un atome qui n'ait vécu, qui n'ait pensé, qui n'ait fait partie d'un corps animé que l'injustice de vos lois sanglantes a mutilé, brisé, anéanti! — Quand la boue de vos semelles s'imprime sur une pierre du pavé de Paris, elle y salit un noble sang. — Quand vous roulez un moellon pour la construction du monument expiatoire d'un demi-dieu, prenez garde! vous allez achever de broyer la tête de la victime! il n'y a pas une de vos expiations qui ne profane une cendre!

Et puis, les pensées les plus sérieuses vieillissent-elles assez dans votre enthousiasme d'enfants, pour vous laisser le loisir d'expier quelque chose? Je vous ai vus, Dieu me pardonne, expier le lendemain les expiations de la veille! Je vous ai vus, témoins impassibles et réparateurs impuissants de tous les crimes, expier en vaines cérémonies tous les malheurs que vous aviez soufferts sans vous plaindre, et dresser des pierres tumulaires sur toutes les fosses que vous aviez aidé à creuser. Je ne connais cependant qu'un outrage que vous ne vous soyez pas encore avisés d'expier hautement pour l'instruction de l'avenir, celui que votre morale politique fait depuis si long-temps à la raison et à l'humanité.

Il ferait beau voir vraiment, dans le vieux Paris, un monument expiatoire, partout où une expiation est due à l'innocent assassiné! — Mais quand vous serez convenus d'accorder cette juste réparation aux morts, Parisiens, je vous le demande! où logerez-vous les vivants?

Une expiation par crime! je vous en défie! quand on fait peser sur le sol, depuis des siècles, le nom, les murs et la population de Paris, il faut se décider à faire banqueroute à Némésis. Il faut mourir insolvable.

Songez-y donc un moment. Réglons nos comptes, soldons nos fureurs, équilibrons le bilan des violences et des réparations. Voyons ce qu'on peut payer de sang avec des devis d'architectes et des journées de maçons.

Un monument d'expiation au Louvre, pour la Saint-Barthélemy!

Un monument d'expiation aux Tuileries, pour le 10 août!

Un monument d'expiation au Luxembourg, pour le 7 décembre!

Un monument d'expiation au parvis Notre-Dame, pour tant d'expiations sacriléges imposées à l'innocence!

Un monument d'expiation à Saint-Germain-l'Auxerrois, pour son tocsin parricide!

Un autre monument d'expiation à Saint-Germain-l'Auxerrois, pour la violation de ses tabernacles!

Un monument d'expiation à l'endroit où s'élevaient les tours du Temple!

Un monument d'expiation au pied des tours de la Conciergerie!

Des monuments d'expiation devant l'Abbaye, devant le Châtelet, devant la Force, devant la Salpêtrière, devant Bicêtre, devant toutes les prisons de Paris, pour les inexpiables attentats de septembre!

Un monument d'expiation par cadavre! démolissez à l'entour! agrandissez le préau! faites de la place!

Un monument d'expiation sur l'emplacement du Manége où fut prononcée la proscription d'un million de Français!

Un monument d'expiation sur l'emplacement des Jacobins où Marat fut fait DIEU!

Un monument d'expiation au seuil de l'Hôtel-de-Ville, pour Foulon et pour Berthier!

Un monument d'expiation à l'Opéra, pour ce généreux Berry, dont la mort rayonna de plus de vertus que toutes les apothéoses de l'antiquité!

Un monument d'expiation au terre-plein du Pont-Neuf, pour Jacques de Molay!

Un monument d'expiation derrière l'ancien collége Saint-Antoine, pour le bûcher des Templiers !

Un monument d'expiation au gibet de Montfaucon, pour Enguerrand de Marigny !

Un monument d'expiation pour Jacques d'Armagnac, chef de la *ligue du bien public*, au milieu du carré des Halles, où il inonda de son sang ses pauvres enfants en blanches robes de lin !

Un monument d'expiation dans la rue Culture-Sainte-Catherine, où tomba, sous les coups des assassins, ce brave Olivier de Clisson, votre bouclier contre l'Angleterre !

Un monument d'expiation dans la rue Barbette, pour le duc d'Orléans, le rempart de votre monarchie déchue et de votre roi en enfance contre les farouches ambitions de la Bourgogne !

Un monument d'expiation sous les croisées de l'école de Presles, pour le grand Ramus, le restaurateur de vos sciences grammaticales et de vos doctrines philosophiques !

Un monument d'expiation dans la rue Bétisy, à cette maison à gauche, en entrant par la rue de la Monnaie, d'où Coligny égorgé fut jeté à la populace comme une proie par le Bohême Dianowitz et le Siennois Petrucci !

Un monument d'expiation, s'il vous plaît, dans la rue de la Féronnerie, pour un soldat béarnais qui s'appelait Henri IV !

Un monument d'expiation au Palais pour le président Brisson!

Un monument d'expiation au Palais, le monument sacré, le monument heureusement inviolé de Malesherbes.

Un monument d'expiation au Champ-de-Mars, pour l'émeute pétitionnaire qu'y foudroya la loi martiale!

Un monument d'expiation pour Bailly, qui eut le difficile courage de la faire exécuter dans l'intérêt de la patrie, car la justice distributive des monuments doit être impartiale et réciproque pour se rendre digne de l'histoire!

Un monument d'expiation à la plaine de Grenelle, pour les défenseurs de la monarchie et pour ceux de la liberté, qui croyaient sincèrement défendre la même chose!

Un monument d'expiation à la place de Grève, pour tous les infortunés qui y ont péri, holocaustes innocents de la justice trompée, comme Lesurque ; ou témoins dévoués de la foi des croyances et des sentiments, depuis Anne Dubourg et Geoffroy Vallée, jusqu'aux patriotes de 1815 et aux sergents de la Rochelle!...

Un monument d'expiation à la place Louis XV !

La préfecture de la Seine lui a promis des ornements. Nous pourrons les multiplier comme les pierres de Carnac, et rien n'empêchera que nous élevions quelques-unes de ces constructions à la hauteur de la grande pyramide, si le budget s'élargit assez pour suffire à payer un jour, des tributs de la nation, toutes les expiations de Paris!

Un monument d'expiation à la barrière du Trône, au rond-point où fut dressé l'échafaud de sainte Élisabeth Capet, qui se chargera volontiers de vos expiations devant Dieu!

Un monument d'expiation à la porte de Nêle! Un monument d'expiation à la croix du Trahoir! Un monument d'expiation aux fossés de la Bastille! Un monument d'expiation à la grille du Palais!

Un monument d'expiation partout où le sang a injustement coulé pour le plaisir des rois légitimes ou pour celui des rois plébéiens!

Un monument d'expiation partout où a roulé le carrosse, la charrette ou le tombereau du patient sacrifié au fanatisme des religions ou aux frénésies des partis!

Et ce n'est pas tout!

Un monument d'expiation sous cette mansarde de la rue Plâtrière où Jean-Jacques Rousseau, dédaigné de ses contemporains, a copié de la musique pour vivre!

Un monument d'expiation à l'hôpital où est mort Gilbert !

Un monument d'expiation à la borne où a mendié Malfilâtre !

Un monument d'expiation partout où le génie méconnu, repoussé, proscrit, a laissé tomber sur la terre une larme d'indignation et de douleur qui crie vengeance contre vous !

Un monument d'expiation dans toutes les rues !

Un monument d'expiation devant toutes les portes !

Un monument d'expiation à tous les mois, à toutes les semaines, à tous les jours !

Des monuments d'expiation à la Royauté, à la République, au Consulat, à l'Empire, à la Restauration !

Des monuments d'expiation aux catholiques, aux protestants, aux philosophes, aux visionnaires, aux politiques, aux ligueurs, aux aristocrates, aux patriotes, aux fédéralistes, aux jacobins, aux émigrés, aux chouans, aux bonapartistes, aux *carbonari*, à quiconque a payé de son sang, au gré de vos caprices et de vos passions, l'exercice du droit sacré de penser, de parler et d'écrire !

Des monuments d'expiation pour votre sang !

des monuments d'expiation pour le nôtre ! le nôtre, était-ce de l'eau ?

Et vous serez alors ce que vous devez être avant peu LA VILLE DES EXPIATIONS !

Et vous n'avez pas besoin de faire tant de frais pour remplir cette destinée, car le titre que vous ambitionnez, un doigt invisible achèvera bientôt de l'écrire sur vos ruines!

Et l'on comprendra, quand votre arrêt sera tracé tout entier, pourquoi vous avez été voués par excellence comme un symbole éternel au culte de l'expiation ; car jamais le forum, le Capitole, et Tarpéia, n'ont ruisselé de tant de sang que vos places publiques, dans ces innombrables journées de votre histoire dont les forfaits ont absous Rome et Babylone !

Arrangez-vous, si vous m'en croyez, pour une expiation universelle où viennent se confondre toutes les expiations ; et, si vous n'avez plus foi au Dieu de vos ancêtres, n'hésitez pas à relever l'autel de la Concorde romaine ! Venez vous y embrasser, s'il vous reste encore assez de sentiments humains pour vous croire dignes d'un pardon mutuel, et brisez pour jamais sur la pierre des purifications la hart de la potence et le fer de la guillotine ! C'est à ce prix seulement que vous aurez expié quelque chose aux yeux de la postérité ! » —

Maxime se leva en achevant ces paroles, et s'éloigna sans faire beaucoup d'attention à moi.

Je me levai à mon tour; je me hâtai de regagner mon réduit, parce que le soleil se couchait, et j'écrivis en arrivant ce qu'il venait de me dire, avant d'avoir pris le temps de m'assurer que cela valût la peine d'être écrit. Dieu sait si on ne l'imprimera pas!

Ch. NODIER.

www.ingramcontent.com/pod-product-compliance
Ingram Content Group UK Ltd.
Pitfield, Milton Keynes, MK11 3LW, UK
UKHW021022220726
13924UKWH00001B/132

9 782019 910501